POSITIVE W

```
S S H G G C H F T D W A
W Y D A P E X E E X S D
X N L N L Q T T Y O U O
R Z B P V P I B L F O R
N X F E Q C E T H D R A
B U Y D X U J R Q C E B
L V G E D F F L Q A N L
D T N E G I L I D L E E
I N T U I T I V E M G A
S Q I F A N T A S T I C
L R O K A Q H L Z D W B
L U F I T U A E B W S M
```

- ADORABLE
- DILIGENT
- GENEROUS
- KIND
- BEAUTIFUL
- EXCITED
- HELPFUL
- CALM
- FANTASTIC
- INTUITIVE

I AM FANTASTIC

POSITIVE WORDS

```
T I L S G L M T Q I X B
H U A N Z G N A M V R Z
A U Y L L E K Q T A C P
N U O H I C A V V T T B
K C L T Y C P E U R E G
F S A G N I N R A E L R
U P C Y Y Y V L Z D Q J
L B J V U H H P A V Z
B L E S S E D T W E H O
A W E S O M E D R L C K
E E E O Y T Z Q C O Q P
Y C B C L X R M V E W E
```

AWESOME	BLESSED	LOYAL
LEADER	LEARNING	THANKFUL
MATTER	PATIENT	
WORTHY	BRAVE	

I AM WORTHY

POSITIVE WORDS

```
C L B H Y G Y L O R B U
F A A R I U O X U T S A
Q T P I I O P P I S D P
C J O A C G B O F Z G U
I G W V B E H H V P N Z
T L E Q K L P T C I W A
S O R T P T E S Q P P L
I V F I X O B U D T C S
T E U I N V E N T I V E
R D L Y T I K T D N G Z
A J H Z A H D Z Q N U F
K J V F R T R F T Z K K
```

- ARTISTIC
- COOL
- LOVED
- UNIQUE
- BRIGHT
- FUN
- POWERFUL
- CAPABLE
- INVENTIVE
- SPECIAL

I AM LOVED

POSITIVE WORDS

Y D I Y H R C E T T P W
H C L A S N H T A E E B
Q Z P U L G X R L N V S
G P T T U L X E E A I F
Y W R O X C U F N C T I
C O N F I D E N T I S Y
K E F I R R M H E O O Q
U I T S E N O H D U P X
X P F V X V U R C S B Y
V M E F O R G I V I N G
T L U F S S E C C U S G
C S N Y R W O T D I P G

CLEVER   CONFIDENT   HONEST
FORGIVING   HAPPY   TALENTED
POSTIVE   SUCCESSFUL
TENACIOUS   ENOUGH

I AM
Confident

POSITIVE WORDS

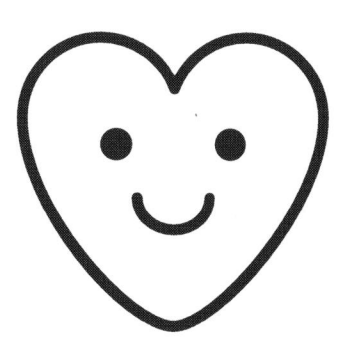

```
X G K Z J M K L V Q D T
S E V R L B C R I E B Y
D K Y A S J Q Y T R E L
P U C A V W A A E X A B
D E T E R M I N E D B B
W F R A G C G U F O L U
H I D F E N K H L M E B
C C C R E V O D G O N Z
L O P T V C K L C F Z K
X P K N Z M T G E J L Q
A T N A I L L I R B T P
E C A R I N G M R J Z I
```

ABLE   APPRECIATED   BUBBLY

BOLD   BRILLIANT   DETERMINED

CALM   CARING

PERFECT   BELONG

I AM
Brilliant

POSITIVE WORDS

```
P I D C L J X L M S L J
X C E V M M U D U G U A
S G R Z B F W I Y F F K
C U T E R C N A F R E D
B K O E A E Z U G I T P
A S E E G T N L D E A H
G H A B G N I P U N R L
C W O A Y R R V X D G D
T S A F T V O M E L X Y
O I Y L L A Q G U Y A H
G I F T E D X D I E I K
F J H L R F M P V Z Z B
```

CHEERFUL   CREATIVE   FUNNY

FAST   FRIENDLY   GORGEOUS

GENIUS   GIFTED

GRATEFUL   CUTE

I AM

Fast

POSITIVE WORDS

```
E W N M V G R G Y G N Q
I M E O P Q E K H E K W
K V O V R N T G T C D R
A V I S T M U W L L M V
E V O L D N A E A O G J
X R E M B N L L E V U Y
L U C K Y B A G H A P J
R Z E H M A X H L B O A
Z A V U G U S C F L M K
S A H O K C I U Q E I G
Q K O M F H L H U L M L
H D B G N I V I G W A F
```

- GENTLE
- HANDSOME
- LOVABLE
- QUICK
- GIVING
- HEALTHY
- LUCKY
- GOOD
- HUMBLE
- NORMAL

I AM
Healthy

POSITIVE WORDS

R W K I S B R S G C B Z
A J S L J I T A J E Q J
Z U B B Z R N X T J I S
B R K K O T U C G S R S
C J Q N E T R H E I Y M
A H G T S R W S X R C A
T F I V F R R I C H E R
B U R E P U S L T J O T
Q Z F T N P K Y O O J O
O A T F M Y N T S Z G M
S O D L I E W S Q M H T
T R U T H F U L T C T I

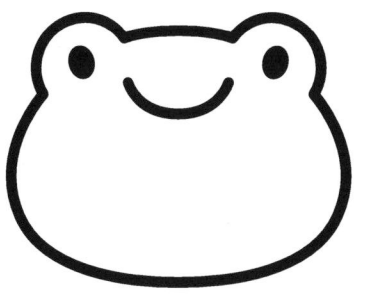

QUITE RICH STAR
SINCERE SMART SUPER
STRONG STYLISH
TRUTHFUL SAFE

I AM
Stylish

POSITIVE WORDS

```
B I A E N W O W B K H J
P Z A D Y Y A K X E B F
M Y S O T T L H L E U L
Q R M A Q Y E P R Y X N
F M E L L R F E V V J Q
C R V C L U X N D A P F
G E E B L E U O M H W X
T N A E Y S W U Y F E T
Q N K V E V Q G F N D U
L I T F F X I H O U S D
A W U I M P O R T A N T
Z L J B Z F L A U Q E C
```

- ENOUGH
- GREAT
- USEFUL
- WOW
- EQUAL
- HELPFUL
- WELL
- FREE
- IMPORTANT
- WINNER

I AM
Important

POSITIVE WORDS

```
Q D L C K D G X I O E I
N K S G K N R G N R T Y
P T R Y I N G N S G E K
V R G W J T E I P A L P
Q P O N M G J V I N P M
W R L U I C T O R I M R
G V U D D Z K R E Z O B
W V M F D W A P D E C H
U B B V K Z L M A D U B
M C R N E B R I A Q I S
T N E G I L L E T N I B
E L B A P P O T S N U C
```

- AMAZING
- IMPROVING
- ORGANIZED
- UNSTOPPABLE
- COMPLETE
- INSPIRED
- PROUD
- GROWING
- INTELLIGENT
- TRYING

I AM Amazing

POSITIVE WORD SCRAMBLE

unscramble the word and unlock the I AM sentenced

LLAYO

I am _____

LCAM

I am _____

ULPLFEH

I am _____

DNITIELG

I am _____

POSITIVE WORD SCRAMBLE

unscramble the word and unlock the I AM sentenced

DNKI

I am _____

ENUERGSO

I am _____

NTIPAET

I am _____

IECTEDX

I am _____

POSITIVE WORD SCRAMBLE

unscramble the word and unlock the I AM sentenced

FNTTAACIS

I am _____

ARABEODL

I am _____

BFITALEUU

I am _____

UIVIETNIT

I am _____

POSITIVE WORD SCRAMBLE

unscramble the word and unlock the I AM sentenced

OSGRNT

I am _____

LSEESBD

I am _____

TMEATR

I am _____

TFAUHLNK

I am _____

POSITIVE WORD SCRAMBLE

unscramble the word and unlock the I AM sentenced

VRABE

I am _____

INAELRGN

I am _____

TWOYRH

I am _____

RLDEAE

I am _____

POSITIVE WORD SCRAMBLE

unscramble the word and unlock the I AM sentenced

EAOESMW

I am _____

ACEBLPA

I am _____

EVDLO

I am _____

NEUQUI

I am _____

POSITIVE WORD SCRAMBLE

unscramble the word and unlock the I AM sentenced

UFN

I am _____

IELASPC

I am _____

TRIIATSC

I am _____

OLCO

I am _____

POSITIVE WORD SCRAMBLE

unscramble the word and unlock the I AM sentenced

VTENIENIV

I am _____

IHBRTG

I am _____

PFEUOLRW

I am _____

ERLCVE

I am _____

POSITIVE WORD SCRAMBLE

unscramble the word and unlock the I AM sentenced

CNNFIDTEO

I am _____

TNOSCUEA

I am _____

PHAPY

I am _____

USCCUSESFL

I am _____

POSITIVE WORD SCRAMBLE

unscramble the word and unlock the I AM sentenced

PSOIEVTI

I am _____

EOHGNU

I am _____

EOHGNU

I am _____

LNTTADEE

I am _____

POSITIVE WORD SCRAMBLE

unscramble the word and unlock the I AM sentenced

HSNTEO

I am _____

TAIPDREACEP

I am _____

MTEREDEIDN

I am _____

EETRCPF

I am _____

POSITIVE WORD SCRAMBLE

unscramble the word and unlock the I AM sentenced

BELA

I am _____

OBLD

I am _____

LNIALRTBI

I am _____

OLENBG

I am _____

POSITIVE WORD SCRAMBLE

unscramble the word and unlock the I AM sentenced

BBYUBL

I am _____

ACML

I am _____

NAGRCI

I am _____

FEHUELCR

I am _____

POSITIVE WORD SCRAMBLE

unscramble the word and unlock the I AM sentenced

ECUT

I am _____

ECVTIAER

I am _____

YIDNLEFR

I am _____

NUYNF

I am _____

POSITIVE WORD SCRAMBLE

unscramble the word and unlock the I AM sentenced

ATSF

I am _____

ESGUGROO

I am _____

EGALFTRU

I am _____

UGSINE

I am _____

POSITIVE WORD SCRAMBLE

unscramble the word and unlock the I AM sentenced

IDETFG

I am _____

TELGNE

I am _____

VIGNIG

I am _____

SEOMNADH

I am _____

POSITIVE WORD SCRAMBLE

unscramble the word and unlock the I AM sentenced

EYTAHHL

I am _____

MUEHLB

I am _____

CLUYK

I am _____

ARNMLO

I am _____

POSITIVE WORD SCRAMBLE

unscramble the word and unlock the I AM sentenced

AVELBLO

I am _____

OODG

I am _____

UQKIC

I am _____

TUIEQ

I am _____

POSITIVE WORD SCRAMBLE

unscramble the word and unlock the I AM sentenced

IRHC

I am _____

CSERINE

I am _____

RMSTA

I am _____

ERGTA

I am _____

POSITIVE WORD SCRAMBLE

unscramble the word and unlock the I AM sentenced

REGIDZONA

I am _____

MAGIANZ

I am _____

IRESIDNP

I am _____

EOPMLETC

I am _____

POSITIVE WORDS

```
S S H G G C H F T D W A
W Y D A P E X E E X S D
X N L N L Q T T Y O U O
R Z B P V P I B L F O R
N X F E Q C E T H D R A
B U Y D X U J R Q C E B
L V G E D F F L Q A N L
D T N E G I L I D L E E
I N T U I T I V E M G A
S Q I F A N T A S T I C
L R O K A Q H L Z D W B
L U F I T U A E B W S M
```

ADORABLE   BEAUTIFUL   FANTASTIC

DILIGENT   EXCITED   INTUITIVE

GENEROUS   HELPFUL

KIND   CALM

POSITIVE WORDS

T	I	L	S	G	L	M	T	Q	I	X	B
H	U	A	N	Z	G	N	A	M	V	R	Z
A	U	Y	L	L	E	K	Q	T	A	C	P
N	U	O	H	I	C	A	V	V	T	T	B
K	C	L	T	Y	C	P	E	U	R	E	G
F	S	A	G	N	I	N	R	A	E	L	R
U	P	C	Y	Y	Y	X	V	L	Z	D	Q	J
I	B	J	V	U	L	H	H	P	A	V	Z
B	L	E	S	S	E	D	T	W	E	H	O
A	W	E	S	O	M	E	D	R	L	C	K
E	E	E	O	Y	T	Z	Q	C	O	Q	P
Y	C	B	C	L	X	R	M	V	E	W	E

AWESOME   BLESSED   LOYAL

LEADER   LEARNING THANKFUL

MATTER   PATIENT

WORTHY   BRAVE

POSITIVE WORDS

C	L	B	H	Y	G	Y	L	O	R	B	U
F	A	A	P	I	U	O	X	U	T	S	A
Q	T	P	I	I	O	P	P	I	S	D	P
C	J	O	A	C	G	B	O	F	Z	G	U
I	G	W	V	B	E	H	H	V	P	N	Z
T	L	Q	K	L	P	T	C	I	W	A
S	O	R	T	P	T	E	S	Q	P	P	L
I	V	F	I	X	O	B	U	D	T	C	S
T	E	U	I	N	V	E	N	T	I	V	E
R	D	L	Y	T	I	K	T	D	N	G	Z
A	J	H	Z	A	H	D	Z	Q	N	U	F
K	J	V	F	R	T	R	F	T	Z	K	K

ARTISTIC **BRIGHT** **INVENTIVE**

COOL **FUN** **SPECIAL**

LOVED **POWERFUL**

UNIQUE **CAPABLE**

POSITIVE WORDS

```
Y D I Y H R C E T T P W
H C L A S N H T A E E B
Q Z P U L G X R L N V S
G P T T U L X E E A I F
Y W R O X C U F N C T I
C O N F I D E N T I S Y
K E F I R R M H E O O Q
U I T S E N O H D U P X
X P F V X V U R C S B Y
V M E F O R G I V I N G
T L U F S S E C C U S G
C S N Y R W O T D I P G
```

CLEVER   CONFIDENT   HONEST

FORGIVING   HAPPY   TALENTED

POSTIVE   SUCCESSFUL

TENACIOUS   ENOUGH

POSITIVE WORDS

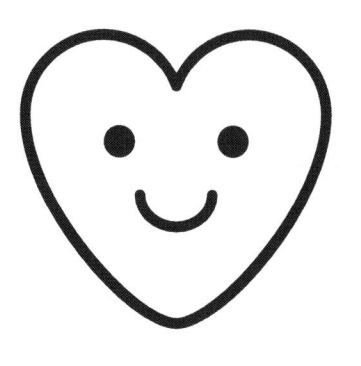

X	G	K	Z	J	M	K	L	V	Q	D	T
S	E	V	R	L	B	C	R	I	E	B	Y
D	K	Y	A	S	J	Q	Y	T	R	E	L
P	U	C	A	V	W	A	A	E	X	A	B
D	E	T	E	R	M	I	N	E	D	B	B
W	F	R	A	G	C	G	U	F	O	L	U
H	I	D	F	E	N	K	H	L	M	E	B
C	C	C	R	E	V	O	D	G	O	N	Z
L	O	P	T	V	C	K	L	C	F	Z	K
X	P	K	N	Z	M	T	G	E	J	L	Q
A	T	N	A	I	L	L	I	R	B	T	P
E	C	A	R	I	N	G	M	R	J	Z	I

ABLE APPRECIATED BUBBLY
BOLD BRILLIANT DETERMINED
CALM CARING
PERFECT BELONG

POSITIVE WORDS

```
P I D C L J X L M S L J
X C E V M M U D U G U A
S G R Z B F W I Y F F K
C U T E R C N A F R E D
B K O E A E Z U G I T P
A S E E G T N L D E A H
G H A B C N I P U N R L
C W O A Y R R V X D G D
T S A F T V O M E L X Y
O I Y L L A Q G U Y A H
G I F T E D X D I E I K
F J H L R F M P V Z Z B
```

CHEERFUL   CREATIVE   FUNNY

FAST   FRIENDLY   GORGEOUS

GENIUS   GIFTED

GRATEFUL   CUTE

POSITIVE WORDS

```
E W N M V G R G Y G N Q
I M E O P Q E K H E K W
K V O V R N T G T C D R
A V I S T M U W L L M V
E V O L D N A E A O G J
X R E M B N L L E V U Y
L U C K Y B A G H A P J
R Z E H M A X H L B O A
Z A V U G U S C F L M K
S A H O K C I U Q E I G
Q K O M F H L H U L M L
H D B G N I V I G W A F
```

GENTLE GIVING HUMBLE

HANDSOME HEALTHY NORMAL

LOVABLE LUCKY

QUICK GOOD

POSITIVE WORDS

R W K I S B R S G C B Z
A J S L J I T A J E Q J
Z U B B Z R N X T J I S
B R K K O T U C G S R S
C J Q N E T R H E I Y M
A H G T S R W S X P C A
T F I V F R R I C H E R
B U R E P U S L T J O T
Q Z F T N P K Y O O J O
O A T F M Y N T S Z G M
S O D L I E W S Q M H T
T R U T H F U L T C T I

QUITE   RICH   STAR
SINCERE   SMART   SUPER
STRONG   STYLISH
TRUTHFUL   SAFE

POSITIVE WORDS

B	I	A	E	N	W	O	W	B	K	H	J
P	Z	A	D	Y	Y	A	K	X	E	B	F
M	Y	S	O	T	T	L	H	L	E	U	L
Q	R	M	A	Q	Y	E	P	R	Y	X	N
F	M	E	L	L	R	F	E	V	J	Q	
C	R	V	C	L	U	X	N	D	A	P	F
G	E	B	L	E	U	O	M	H	W	X	
T	N	A	E	Y	S	W	U	Y	F	E	T
Q	N	K	V	E	V	Q	G	F	N	D	U
L	I	E	F	X	I	H	O	U	S	D	
A	W	U	I	M	P	O	R	T	A	N	T
Z	L	J	B	Z	F	L	A	U	Q	E	C

- ENOUGH
- GREAT
- USEFUL
- WOW
- EQUAL
- HELPFUL
- WELL
- FREE
- IMPORTANT
- WINNER

POSITIVE WORDS

Q	D	L	C	K	D	G	X	I	O	E	I
N	K	S	G	K	N	R	G	N	R	T	Y
R	T	R	Y	I	N	G	N	S	G	E	K
V	P	G	W	J	T	E	I	P	A	L	P
Q	P	O	N	M	G	J	V	I	N	P	M
W	R	L	U	I	C	T	O	R	I	M	R
G	V	U	D	D	Z	K	R	E	Z	O	B
W	V	M	F	D	W	A	P	D	E	C	H
U	B	B	V	K	Z	L	M	A	D	U	B
M	C	R	N	E	B	R	I	A	Q	I	S
T	N	E	G	I	L	L	E	T	N	I	B
E	L	B	A	P	P	O	T	S	N	U	C

AMAZING   COMPLETE   INTELLIGENT

IMPROVING   INSPIRED   TRYING

ORGANIZED   PROUD

UNSTOPPABLE   GROWING

Word	Scramble	Word	Scramble
1. LOYAL	1. LLAYO	34. TENACIOUS	34. TNOSCUEA
2. CALM	2. LCAM	35. HAPPY	35. PHAPY
3. HELPFUL	3. ULPLFEH	36. SUCCESSFUL	36. USCCUSESFL
4. DILIGENT	4. DNITIELG	37. POSITIVE	37. PSOIEVTI
5. KIND	5. DNKI	38. ENOUGH	38. EOHGNU
6. GENEROUS	6. ENUERGSO	39. FORGIVING	39. GIROIVNFG
7. PATIENT	7. NTIPAET	40. TALENTED	40. LNTTADEE
8. EXCITED	8. IECTEDX	41. HONEST	41. HSNTEO
9. FANTASTIC	9. FNTTAACIS	42. APPRECIATED	42. TAIPDREACEP
10. ADORABLE	10. ARABEODL	43. DETERMINED	43. MTEREDEIDN
11. BEAUTIFUL	11. BFITALEUU	44. PERFECT	44. EETRCPF
12. INTUITIVE	12. UIVIETNIT	45. ABLE	45. BELA
13. STRONG	13. OSGRNT	46. BOLD	46. OBDL
14. BLESSED	14. LSEESBD	47. BRILLIANT	47. LNIALRTBI
15. MATTER	15. TMEATR	48. BELONG	48. OLENBG
16. THANKFUL	16. TFAUHLNK	49. BUBBLY	49. BBYUBL
17. BRAVE	17. VRABE	50. CALM	50. ACML
18. LEARNING	18. INAELRGN	51. CARING	51. NAGRCI
19. WORTHY	19. TWOYRH	52. CHEERFUL	52. FEHUELCR
20. LEADER	20. RLDEAE	53. CUTE	53. ECUT
21. AWESOME	21. EAOESMW	54. CREATIVE	54. ECVTIAER
22. CAPABLE	22. ACEBLPA	55. FRIENDLY	55. YIDNLEFR
23. LOVED	23. EVDLO	56. FUNNY	56. NUYNF
24. UNIQUE	24. NEUQUI	57. FAST	57. ATSF
25. FUN	25. UFN	58. GORGEOUS	58. ESGUGROO
26. SPECIAL	26. IELASPC	59. GRATEFUL	59. EGALFTRU
27. ARTISTIC	27. TRIIATSC	60. GENIUS	60. UGSINE
28. COOL	28. OLCO	61. GIFTED	61. IDETFG
29. INVENTIVE	29. VTENIENIV	62. GENTLE	62. TELGNE
30. BRIGHT	30. IHBRTG	63. GIVING	63. VIGNIG
31. POWERFUL	31. PFEUOLRW	64. HANDSOME	64. SEOMNADH
32. CLEVER	32. ERLCVE	65. HEALTHY	65. EYTAHHL
33. CONFIDENT	33. CNNFIDTEO	66. HUMBLE	66. MUEHLB

Word	Scramble
67. LUCKY	67. CLUYK
68. NORMAL	68. ARNMLO
69. LOVABLE	69. AVELBLO
70. GOOD	70. OODG
71. QUICK	71. UQKIC
72. QUITE	72. TUIEQ
73. RICH	73. IRHC
74. SINCERE	74. CSERINE
75. SMART	75. RMSTA
76. GREAT	76. ERGTA
77. ORGANIZED	77. REGIDZONA
78. AMAZING	78. MAGIANZ
79. INSPIRED	79. IRESIDNP
80. COMPLETE	80. EOPMLETC

Made in the USA
Columbia, SC
26 August 2022